AF286900

Der Christbaum von Hami

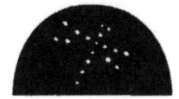

Fritz Mühlenweg

Der Christbaum von Hami

Eine Weihnachtsgeschichte am Rand der Wüste Gobi

*Mit Zeichnungen von F. W. Bernstein
und einem Nachwort von Ekkehard Faude*

Libelle

In den ersten Dezembertagen kam ich nach Hami. Ich war, wie die Chinesen sagen, »in ehrfurchtsvoller Erwartung«, denn Hami ist die erste Oasenstadt, die man betritt, wenn man die große Wüste Gobi hinter sich gelassen hat. Es fiel mir ein, dass Marco Polo vor rund 700 Jahren auch in Hami war, und als ich durch das Stadttor ritt, dachte ich daran. Nachher erinnerte ich mich aber, dass es auch Leute gibt, die sagen, das sei falsch und Marco Polo sei nicht in Hami gewesen, sondern er habe die Stadt bloß vom Hörensagen gekannt. Deshalb habe er über Hami geschimpft und berichtet, dass dort schlechte Leute wohnten.

Ich habe herausgefunden, dass die Bewohner von Hami gute Leute sind. Die Chinesen waren liebenswürdig, und bei den Türken, die dort wohnen, war ich oftmals eingeladen. Sie gaben meinen Kameraden und mir jedes Mal ein Festessen, und nachher bekamen wir Zuckermelonen, die man in den Gärten von Hami pflanzt.

Am liebsten war ich bei Herrn Chen, denn Herr Chen war der Postmeister, und er sprach nicht bloß Chinesisch, sondern auch Englisch. Wir konnten uns über alles unterhalten, was es gab. Als ich ihn kennen lernte, überreichte er mir gleich eine Menge Briefe, die aus der Heimat eingetroffen waren, und das war das Beste. Aber dann kamen keine Briefe mehr. Jedes Mal, wenn ich zum Postamt ging, bedauerte Herr

Chen, dass ich den Weg umsonst gemacht hätte. Er lud mich dann zu einer Tasse Tee ein, und er sagte, das Ausbleiben der Briefe liege daran, dass es jetzt in den Bergen so viel geschneit habe, und die Postreiter könnten nicht über die Pässe reiten und ich müsste Geduld haben.

Ich sagte: »Ja, Herr Chen.« Aber geduldig wurde ich deshalb nicht. Weihnachten rückte näher, und wenn man keinen Weihnachtsbaum hat, möchte man wenigstens Briefe haben. Meinen Kameraden ging es wie mir. Zwei Tage vor dem Fest drehte einer den Satz um und sagte: »Da wir keine Briefe bekommen, wollen wir einen Weihnachtsbaum haben.« Alle riefen: »Bravo!«, und wir entschlossen uns, sofort zu handeln. Ich ging zum Postmeister Chen, und ich fragte ihn, wo hierzulande Tannenbäume wüchsen. Wir brauchten dringend einen, sagte ich. Herr Chen hob die Schultern bedauernd, und er sagte, so was gebe es hier nirgends. »Tannen«, versicherte Herr Chen, »gibt es sowieso keine. Vielleicht können Sie eine Fichte finden, aber dazu müssen Sie ins Gebirge gehen, ganz hoch hinauf, wo sonst kein Mensch hinkommt. Es ist sehr gefährlich.«

»Wie heißt die Fichte auf Chinesisch?«, fragte ich.

Herr Chen sagte: »Fichte heißt ›sung‹.« Dabei lächelte er.

Am nächsten Morgen sattelten wir Pferde, und sobald die Sonne aufging, ritten wir zu dritt zum Stadttor hinaus. Vorher konnten wir nicht aufbrechen. Die Soldaten öffneten das Tor nicht eher, als bis die ersten Sonnenstrahlen über dem Rand der Stadtmauer glänzten. Während wir am Postamt vorüberritten, schien mir, als ob einer durch das winzige Guckloch im Papierfenster schaute. Aber bestimmt hätte ich das nicht sagen können. Es war ja auch nicht wichtig.

Hami liegt am Fuß der hohen Barkul-Berge. Wir ritten die Straße hinauf, die zum Pass führt, und wir suchten rechts und links und überall nach Bäumen. Es gab aber bloß Steine und Felsen. Wir wussten wohl, dass es in China schon lange keine Wälder mehr gibt, außer im Hochgebirge, aber deshalb gaben wir die Hoffnung nicht auf. Irgendeine kleine Fichte würden wir schon finden. Am Nachmittag wären wir mit einer Kiefer zufrieden gewesen, aber es gab auch keine Kie-

fern. Wir stiegen höher und höher. Wir zogen die Pferde hinter uns drein, und dann begann der Schnee. Es war noch weit bis zum Pass.

»Wenn wir jetzt umkehren«, sagte ich, »wird es dunkel, bevor wir das Stadttor erreichen, und sie lassen uns nicht mehr hinein.«

Von da an suchten wir nicht mehr nach einer Fichte, sondern nach einer Unterkunft für die Nacht. Die Sonne sank, der Himmel war von Feuer übergossen, aber wir froren. Als wir uns mit dem Gedanken vertraut machten, im Freien kampieren zu müssen, fanden wir ein Kirgisenzelt. Das war eine Freude. Die Kirgisen waren freundliche Leute. Sie hatten Pferde und Schafherden bei sich, und die Lämmer übernachteten bei uns im Zelt, denn da brannte ein Feuer. Es war schön

warm, und zu essen bekamen wir auch. Als wir beim Tee saßen und als wir uns anlachten, weil keiner von uns etwas auf Kirgisisch sagen konnte, fragte ich, ob sie nicht wüssten, was »sung« sei und wo es das gebe. Aber die Kirgisen verstanden kein Chinesisch, und so lachten wir miteinander noch mehr. Schließlich nahm ich ein Blatt Papier aus der Rocktasche und zeichnete eine Fichte darauf. Da wurde die Heiterkeit erst recht groß. Die Kirgisen schlugen sich auf die Schenkel vor Vergnügen, und einer nahm mich am Ärmel und führte mich vor das Zelt. Er zeigte auf den Nordstern, und dazu sagte er: »Sung!« Wir verstanden uns vortrefflich. Am andern Morgen schenkte ich den guten Leuten meinen Bleistift und den Block Papier mitsamt der Fichte darauf. Als Gegengabe bekamen wir ungezählte Segenswünsche, und dann ritten wir nach Hami zurück, damit wir am Heiligen Abend an einem Tisch sitzen konnten, auf dem ein gutes Essen und eine Petroleumlampe standen. Der Weg war weit. Es ging zwar bergab, aber die Pferde waren müde. Wir trotteten so dahin, und als wir Hami von Ferne erblickten, stand die Sonne im späten Nachmittag. Die Schatten wurden länger, und in den Tälern der letzten Ausläufer des Gebirges lag Flugsand. Wir erkannten unsere Spuren vom Tag vorher. Seither war niemand des Weges gezogen.

Plötzlich, nicht weit von der Wegspur, es waren kaum hundert Meter, und es war überhaupt nicht zu glauben, stand ein Tannenbäumchen. Das Bäumchen war schön gewachsen, und es hatte prächtige Äste rundherum. Es war nicht groß, aber es war nicht zu übersehen. Ich glaube, wir erblickten es gleichzeitig. Wir schrien laut und galoppierten, und ich sprang als Erster aus dem Sattel. Dann redeten wir alle durcheinander. Wir gingen um das Bäumchen herum.

»Es ist eine Fichte«, sagte Hans, der sich auskannte, »wie kommt die daher?«

»Sie stand schon gestern da und vorgestern auch«, sagte ich, »aber du hast geschlafen, sonst hättest du sie gesehen.«

»Eigentlich ist es schade darum«, sagte Bodo, »es ist ein schöner Baum.«

»Es ist ein Bäumchen«, sagte ich, »und man muss es an der Wurzel absägen, damit nichts verloren geht.«

Ich räumte den Sand beiseite und die Steine, die da la-

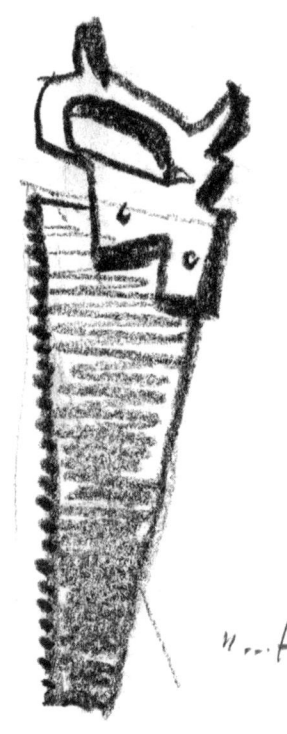

„...Hans hält den Fuchsschwanz"

gen, und Hans holte den Fuchsschwanz, den wir zum Bäumefällen mitgenommen hatten. Das war aber nicht mehr notwendig. Auf einmal neigte sich das Bäumchen zur Seite und fiel von selber um. Wo es im Boden gesteckt hatte, lag eine rote chinesische Glückwunschkarte. »Fröhliche Weihnachten« stand darauf.

»So ein Schuft«, sagte Hans, »und ich hielt ihn für einen ehrlichen Menschen.«

»Nicht alle Postbeamten sind Gauner«, gab Bodo zu bedenken.

»Uns hat er jedenfalls hereingelegt«, sagte ich.

Jetzt erst bemerkten wir eine Eselsspur, die von Hami kam und wieder zurückführte. Da beeilten wir uns. Wir nahmen das Bäumchen mit, und wir ritten einen scharfen Trab. Wie auf Verabredung sprangen wir vor

dem Postamt vom Pferd, aber die Tür war geschlossen, und wir klopften vergebens. Ich schaute durch das Guckloch im Papierfenster, doch ich blickte in die dämmrige Leere einer Amtsstube. Da ritten wir nach Hause.

Unser Koch grinste, als er uns kommen sah. »Großes Glück!«, rief er uns freudestrahlend entgegen. »Unerwarteter Reichtum ist eingetroffen!«

Er hob den Vorhang von der Tür, und weil der Tisch in der Mitte des Zimmers stand, sahen wir gleich die Pakete und die vielen Briefe, und vornedran lag ein Päckchen mit kleinen weißen Kerzen und mit dem Glückwunschzettel, den wir schon kannten. »Fröhliche Weihnachten« stand darauf.

Soll man einem längst abgenadelten Bäumchen nachfragen? Wenn es in der Mongolei stand: Ja.

Ein Nachwort von Ekkehard Faude

Man soll also. Woher das Bäumchen wirklich kam, lässt die Geschichte ungeklärt. Auch anderes bleibt in der Schwebe: ob der chinesische Postmeister dem Deutschen mit »Sung« schon ein irreführendes Wort für »Fichte« mitgegeben hatte oder ob die gastfreundlichen kirgisischen Nomaden damit etwas anderes verbanden, den Nordstern nämlich. Zu den Überzeugungen des Erzählers Fritz Mühlenweg gehörte, dass Geheimnisse wichtig sind, dass uns länger beschäftigt, was in der Schwebe bleibt. Ein Erfahrungswissen: man muss nicht alles ergründen. Man kann sich mit Lächeln verständigen und mit gemeinsamem Essen, auch ohne Wortsprache (an einem Lagerfeuer, mit Schafen im Zelt). Überhaupt: was man vorhat, kann in die Irre führen, aber in nicht vorhersehbarer Weise doch noch glücken. Fritz Mühlenweg war ein Experte geworden für Reisen, die anders verliefen als geplant.

Mühlenweg war 54 Jahre alt, als er die Suche nach dem Christbaum nacherfand. Jenen Baum hatte es wirklich gegeben. Er war seit einem Vierteljahrhundert abgenadelt, hielt sich aber in seiner Erinnerung: Das Fest am Rand der Gobi im Dezember 1927 verband sich mit Erlebnissen von Freiheit, Gefahr und glückhaftem Ausgang. Eigentlich hätte dieser Erzähler seinen Christbaum im Nachhinein noch ganz anders ausschmücken können, es gab einen dramatischen Hintergrund jener Weihnacht von Hami.

Anfang des Jahres 1927 war es dem Drogisten Mühlenweg endlich gelungen, aus seinem Kaufmannsleben im elterlichen Geschäft in Konstanz auszubrechen. (Es kam ihm schon lange zu engmaschig vor; dass er danach in seinen gelernten Beruf nicht mehr zurückkehren würde, ahnte er freilich nicht.)

Der 28-Jährige wollte weg, ganz gleich auf welchen Kontinent. Er bekam tatsächlich einen Job, als Rechnungsführer bei der großen

Ostasien-Expedition, die Sven Hedin mit der Durchquerung der Gobi beginnen wollte. Dem weltberühmten Asienforscher Hedin ging es vor allem um Kartierung, um geologische und archäologische Untersuchungen. Die Forschungsreise wurde zudem von der Deutschen Luft Hansa mitfinanziert, die an meteorologischen Daten aus den Wüstengebieten interessiert war. Eine Fluglinie Berlin–Peking sollte eingerichtet werden. Nur Hedin wusste wohl, dass eigentlich die deutsche Regierung hinter dem Millionen-Sponsoring stand. Unter die elf Deutschen waren, kein Zufall, flugerprobte Militärs gemischt. Auch die beiden *Hans* (Dettmann) und *Bodo* (von Kaull) in unserer Geschichte gehörten dazu.

Als im Februar 1927 für Mühlenweg die Anreise von Berlin über Moskau und dann mit der transsibirischen Bahn nach zwei Wochen in Peking endete, konnte die Expedition noch lange nicht aufbrechen. Auf den jungen Kaufmann wartete eine Logistikaufgabe, die wenig Abenteuerliches hatte. Er war für die Buchhaltung zuständig und die Verwaltung des Materials, das auf 300 Kamelen mitgenommen werden sollte.

Erst im Juli waren endlich genügend Kamele gekauft und waren die politischen Schwierigkeiten überwunden, die den Start einer Expedition von Ausländern in dem von Bürgerkriegen zerrissenen chinesischen Reich fast verhindert hatten.

Die gute Zeit der Kamelzüge dauerte dann nur bis Oktober. In getrennt vorrückenden Karawanen sollte ein möglichst großflächiges Gebiet untersucht werden. Die schwedischen und chinesischen Archäologen freuten sich über Steinzeitfunde. Der deutsche Meteorologe Haude verfolgte sein penibles Programm von Windmessungen mit gasgefüllten Ballons. In Klöstern wurden an Mönchen Schädelmessungen durchgeführt. Hedin nahm seine Karten auf. Männer, scharf auf die Vermessung der Welt. (Fritz Mühlenweg lernte derweil von den mongolischen Kameltreibern die ersten paar hundert Worte und begann ihren Witz zu verstehen.)

Die weltvermessenden Männer, die dann die Strecken und den dazu nötigen Proviant fatal falsch einschätzten... Ein Mann vor allem, der ewig optimistische Chef Hedin, damals schon 62, und bald auch von seinem alten Gallenleiden beeinträchtigt. Die Ankunft in Urumtschi, der Hauptstadt von Sinkiang, hatte er vollmundig für November projektiert. Aber im November, nach Wochen im Sammellager am Fluss Edsingol – viele erschöpfte Kamele waren schon verloren –, hatten sie noch 600 Kilometer vor sich, um nur die nächste Stadt auf der Strecke zu erreichen: Hami; und pro Tag waren nicht mehr als 15 bis 20 Kilometer zu schaffen, durch trostlose Kiesebenen, an salzigen Brunnen vorbei.

Fritz Mühlenweg hätte als direkte Vorgeschichte der Christbaumsuche erzählen können: Wie er vier Wochen vor Weihnachten von Hedin losgeschickt wurde, mit einem Mongolen und einem Chinesen zusammen sollte er Proviant für die Expedition beschaffen, in einer Wüstenkälte, die in den Stiefeln die Strümpfe anfrieren ließ; fremde Karawanen, aber keine Lebensmittel. Wie sie in der ersten Dezemberwoche von einem Trupp Bewaffneter gestellt wurden, die sich als Soldaten aus Sinkiang ausgaben, aber eher nach Räubern aussahen. Wie Mühlenweg mit dem Mongolen Pantje zusammen bei Nacht in die Wüste floh, zu Fuß, eine entschlossene und dann nur noch verzweifelte Anstrengung ins Weglose. Und wie sie schließlich nach drei Tagen Hilfe fanden, nicht weit von Hami, wo einige Kameraden *(Hans, Bodo...)* aus einem Vortrupp der Expedition schon warteten.

(Mühlenweg hatte dieses Abenteuer gerade schon in einen Roman verwandelt: die extremen Wüstenerfahrungen von Fremden auf einer »Pfad der Nachdenklichkeit« genannten Karawanenstraße. Die leis humorvolle Survival-Geschichte erschien unter dem karlmayesken Titel »Tal ohne Wiederkehr« 1952 gleichzeitig mit der Erzählung vom Christbaum. Unterm Titel »Fremde auf dem Pfad der Nachdenklichkeit« ist sie inzwischen bekannter geworden.)

Hami war eine gesegnete Stadt, so kam es den Männern nach Wochen in der eisigen Ödnis vor. Schon an der Zufahrtsstraße wuchsen Pappeln und alte Weiden. Die Stadt an der Karawanenstraße nach Peking war (zu anderer Jahreszeit) durch ihre Melonen berühmt, mit kunstreich bewässerten Feldern. Dass ihre Bewohner in multikultureller Vielfalt lebten, deutet Mühlenweg an.
Den Postmeister Chen gab es wirklich. In Sven Hedins Bericht »Auf großer Fahrt« (1928) heißt er Cheng, er ist sogar auf einem Foto zu sehen, ein freundlicher, bebrillter Herr, der in modischeuropäischem Mantel und Pelzmütze vor einem Wandteppich posiert, zusammen mit seinem verlegen blickenden Töchterchen.

Auf den Postmeister richtete sich die größte emotionale Erwartung der Europäer, die schon fast ein Jahr von ihren Familien getrennt und seit August ohne Nachricht von zu Haus waren. Aber der Argwohn, den die Europäer mit ihrem seltsamen Zug in Richtung Sinkiang erregt hatten, war im Lauf der Monate bis zum Gerücht einer bewaffneten Invasionsarmee angeschwollen. Da die Behörden in Urumtschi vorsichtshalber alle Postsendungen zur Prüfung nach Peking umgeleitet hatten, warteten nach deren Freigabe dann in Urumtschi und Hami Briefe und hunderte Päckchen, keines durfte schwerer als ein Pfund sein. Als Mühlenweg, verlaust, mit verfilzten Haaren und Bart, zehn Tage vor Weihnachten in Hami eintraf, fand er allerdings noch nichts vor. Die verunsicherten Männer wollten dann wenigstens einen Baum.

(Es ließe sich eine mehrbändige Kulturgeschichte über die Weihnachtsbaum-Phantasien schreiben, an denen sich Europäer jener Generation wärmten. Im Baum verwoben: Lichterglanz und Lametta absterbender Erinnerungen an familiäre Heimatlichkeit oder das Innehalten der Psychodramen für die Zeit des Kerzenscheins. Der Wahlberliner Harry Graf Kessler hat 1895 aufs frische Grab seines Vaters in Paris einen schön dekorierten Tannenbaum stellen lassen. Walter Benjamin rief sich in seinem Pariser Exil der 30er-Jahre Erinnerungen an seine »Berliner Kindheit« zurück und darin die heimliche Stunde mit dem noch lichtlosen Christbaum. Und am Weihnachtsabend 1927, immer noch Tagreisen von Hami entfernt, in einem vom Schneesturm umtobten Zelt, nach einem Tag von verzweiflungsvoll geschafften drei Kilometern Marsch, erwärmt sich der Berliner Paul Lieberenz mit der Vorstellung: welche Riten hin zum festlich entzündeten Baum seine Familie zu Hause gerade erlebte. »Man wirft uns Deutschen vor, dass wir sentimental sind«, leitet er die Passage ein. Im Nachbarzelt, geheizt und mit schwedischen Leckereien, suchte Hedin nach einem Baumersatz und fand ihn in einem siebenarmigen Leuchter (den er 15 Jahre später, in einem Forschungsbericht seiner hitlertreuen Zeit, nur als »home made candlestick« erinnerte). Fritz Mühlenweg konnte von angenehmen Weihnachtsüberraschungen berichten, in einem Brief, den er am 25. 12. 1927 an Mutter und Schwester im fernen Konstanz schrieb:

»Gestern zum Heiligen Abend, als wir 7 Expeditionsteilnehmer, die vorläufig in Hami zusammentrafen, eben uns mit dem Gedanken vertraut machten, mit gar nichts als einer etwas miserablen Stimmung Weihnachten zu feiern, kamen auf einmal Postpaketchen ins Haus geschneit. Ich war der Reichste, denn ich bekam 13 Pakete mit den schönen Sachen, die ich gerade so sehr gut brauchen konnte. Gleich habe ich mir nach vier Wochen zum ersten Mal wieder die Zähne geputzt, dann wurde Schokolade geschleckt und Stumpen geraucht. Da auch die anderen Paketchen bekommen hatten, wurde gegenseitig großartig geschenkt. Und auf einmal war der Weihnachtsbaum, den wir durch Vermittlung eines freundlichen Chinesen aus Barkul bekamen, nicht umsonst geschmückt worden.«

Dieser freundliche Herr Chen. Als die Expedition Anfang Februar dann nach Urumtschi aufbrach, verabschiedete der Postmeister seine neuen Freunde mit einem Gastmahl aus 38 Gängen, die er einen nach dem anderen in deren Gästehaus servieren ließ. Er selbst blieb dem Abschiedsessen fern, wohl aus politischer Vorsicht, denn die Fremden waren in einflussreichen Kreisen immer noch nicht so herzlich willkommen, wie es Hedin sehen wollte. Letztlich schenkte er aber sein Essen so, wie er den Weihnachtsbaum in der Geschichte offeriert hat: aus großzügigem Abstand.

Nun wissen wir es eigentlich. Der Baum kam über die Karawanenstraße aus dem drei, vier Tagesritte entfernten Barkul, hinter jenen Barkul-Bergen, auf denen die drei Deutschen gesucht hatten. Chen kann ihn telegraphisch bestellt haben.

Die Schnittstelle des Bäumchens, für das die Helden in unserer Erzählung keine Säge mehr brauchen, verweist noch auf eine andere Herkunft. Es steht ja am Weg wie vom Himmel gefallen. Gut möglich, dass Fritz Mühlenweg für sich so die Überblendungen von zwei ganz unterschiedlichen Weihnachten in der Gobi schaffte. Denn auch bei seinem letzten Aufenthalt in der Mongolei, dem überlangen Jahr mit dem Meteorologen Haude zusammen auf Wetterstationen, kamen die Männer überraschend zu einem Bäumchen. Es wurde von einem Flugzeug gebracht (einer einmotorigen, wassergekühlten W-33, Reisegeschwindigkeit 170 km/h, wie den Erinnerungen des Bordmonteurs Max Springweiler zu entnehmen ist). Mühlenweg hat damals das erste Flugzeug gesehen, das von Peking aus den Edsingol erreichte, in nur einem Tag. Auf Kamelrücken, so rechneten sich die Männer im Zelt aus, hätte das Bäumchen 70 Tage gebraucht. Sie spürten an jenem 21. Dezember 1931 auch den eisigen Hauch einer Weltbeschleunigung. Der schwedische Geologe Nils Hörner, der eher zufällig zur Zeltweihnacht am Edsingol dazukam, schwärmte noch nach Jahrzehnten von dem Bäumchen *»that just had come from heaven«*. Er hatte damals auch zahlreiche frisch gemalte Aquarelle an der Zeltwand gesehen. Der Kaufmann Mühlenweg, dem schon in einem Päckchen nach Hami ein Malkasten nachgeschickt worden war, hatte in der Gobi seine Berufung als Maler erlebt.

Geschrieben hat Fritz Mühlenweg die Geschichte vom Christbaum in Hami 1952 für eine Jugendzeitschrift (»Buchfink«) seines Hausverlags Herder. Sein erster Roman, der sein Meisterwerk geblieben ist, hatte ihn da schon zum berühmten Autor gemacht. *»In geheimer Mission durch die Wüste Gobi«* war 1950 erschienen und besonders über die zweibändige Ausgabe *(»Großer Tiger und Kompaß-Berg« / »Null Uhr fünf in Urumtschi«)* zu einem Bestseller geworden. Kurt Wolff ließ ihn gerade für seinen Pantheon Verlag in New York übersetzen.

Herder vermarktete die vielschichtige Handlung als Abenteuerroman im neu aufgebauten Jugendprogramm. Zuvor hatte der Autor seinen Erstling vergeblich Rowohlt angeboten. Mühlenweg wusste, dass er einen Erzählton für Erwachsene ab 10 und für Junggebliebene bis 100 gefunden hatte. Noch nach einem halben Jahrhundert geben immer neue Leser diesem Autor Recht.

Also. Wichtiger als die Herkunft des Bäumchens ist dann doch, was der Erzähler seinen sacht scheiternden Helden als Erfahrung beisteuert: »Keine Besorgnis deswegen«, wie es bei den Mongolen heißt. Auch in der Wüste kommt von irgendwoher ein Baum. Wenn man ihn selber heftig sucht, lässt er sich vielleicht nicht finden. Aber die Suchenden finden dafür Raum in der Herberge, im Kirgisenzelt, wo sich zwar nicht Ochs und Esel, aber wärmende Schafe dazudrängen. Überm Zelt steht, wie sich's gehört, ein Stern. Nicht der bedeutungsschwere Stern der Könige. Der Nordstern, das Leitgestirn der Nomaden und Weltenfahrer.

Aus Fritz Mühlenwegs Fotoalbum: Der historische Christbaum von Hami.
Die Wandbilder hatte ein Expeditions-Kollege gemalt.

Fritz Mühlenweg bei Libelle

In geheimer Mission durch die Wüste Gobi
Roman. Mit einem biografischen Nachwort von Ekkehard Faude
7. Auflage, 780 S., Ln. • ISBN 978-3-909081-58-5

Fremde auf dem Pfad der Nachdenklichkeit
Mit einem Nachwort von Ekkehard Faude
Roman. 6. Auflage, 304 S., geb. • ISBN 978-3-909081-53-0

Drei Mal Mongolei
Briefe und Tagebücher aus der Expedition mit Sven Hedin
1. Auflage, 400 S., zahlr. Fotos, geb. • ISBN 978-3-905707-03-8

Nuni
Mit Bildern von Rotraut Susanne Berner
und einem Nachwort von Ekkehard Faude
2. Auflage, 144 S., geb. • ISBN 978-3-909081-83-7

Mongolische Heimlichkeiten
Die Erzählungen und Weisheitssprüche aus der Wüste Gobi
6. Auflage, 160 S., brosch. • ISBN 978-3-909081-93-6

Tausendjähriger Bambus
Nachdichtungen aus dem chinesischen Shijing
Mit einem biografischen Nachwort von Ekkehard Faude
2. Auflage, 96 S., geb. • ISBN 978-3-909081-67-7

www.libelle.ch

*Die Zeichnungen von F. W. Bernstein erschienen erstmals in einem Privat-
druck mit Mühlenwegs Erzählung (aus: »Mongolische Heimlichkeiten«),
den Samy Wiltschek für seine Buchhandlung in Ulm auflegte.
Regina Mühlenweg (1934–2006), für die ihr Vater vor bald 80 Jahren das
Buch »Nuni« schrieb, in dem auch schon ein freundlicher Nordstern auftrat,
hat das Nachwort mit Material aus dem Mühlenweg-Archiv bereichert.
Wer sich für erste Blicke auf das Leben des Autors interessiert:*

Ekkehard Faude
Fritz Mühlenweg – Vom Bodensee in die Mongolei
ISBN 978-3-909081-01-1

*Erhellende Streiflichter auf Mühlenwegs Entwicklung als Autor
und seine Allensbacher Jahr ab 1935
sind im neuen Nachwort zu finden, anlässlich der 6. Auflage (2013)*

Fritz Mühlenweg
Fremde auf dem Pfad der Nachdenklichkeit
ISBN 978-3-909081-53-0

Hergestellt bei Pustet in Regensburg: 5. Auflage 2013

*© 2004 Libelle Verlag
Alle Rechte vorbehalten
ISBN 978-3-909081-40-0*